Bibliografische Information der Deutschen Nationalbibliothek:

Die Deutsche Bibliothek verzeichnet diese Publikation in der Deutschen National-bibliografie; detaillierte bibliografische Daten sind im Internet über http://dnb.d-nb.de/ abrufbar.

Impressum:

Copyright © 2016 GRIN Verlag, Open Publishing GmbH
Druck und Bindung: Books on Demand GmbH, Norderstedt Germany
ISBN: 9783668466487

Dieses Buch bei GRIN:

http://www.grin.com/de/e-book/368205/langzeitarchivierung-von-medizinischen-bilddaten-in-der-cloud

Timo Dreger

Langzeitarchivierung von medizinischen Bilddaten in der Cloud

GRIN Verlag

GRIN - Your knowledge has value

Der GRIN Verlag publiziert seit 1998 wissenschaftliche Arbeiten von Studenten, Hochschullehrern und anderen Akademikern als eBook und gedrucktes Buch. Die Verlagswebsite www.grin.com ist die ideale Plattform zur Veröffentlichung von Hausarbeiten, Abschlussarbeiten, wissenschaftlichen Aufsätzen, Dissertationen und Fachbüchern.

Besuchen Sie uns im Internet:

http://www.grin.com/

http://www.facebook.com/grincom

http://www.twitter.com/grin_com

PROJEKTARBEIT

LANGZEITARCHIVIERUNG VON MEDIZINISCHEN BILDDATEN IN DER CLOUD

Verfasser:	Timo Dreger
Universitätslehrgang:	Information Technologies in Healthcare, Master of Science
Anzahl der Wörter/Seiten:	**5007 / 31**
Abgabedatum:	31.07.2016

zur Erlangung des akademischen Grades Master of Science am Zentrum für Management und Qualität im Gesundheitswesen der Donau-Universität Krems

Datum der Einreichung: 31.07.2016

Abstract

In Krankenhäusern fallen viele medizinische Bilddaten an, die in der Praxis aufgrund gesetzlicher Vorschriften in der Regel für 30 Jahre archiviert werden müssen. Im Zusammenhang mit dem stark steigenden Speicherplatzbedarf durch zunehmende Digitalisierung und hochauflösende Bilder, werden die IT-Abteilungen der Krankenhäuser vor eine Herausforderung gestellt.

Ziel der Arbeit ist es daher mit Hilfe von Literaturrecherche und einer Umfrage bei einigen Krankenhäusern zu ermitteln, ob eine Auslagerung des Langzeitarchivs in die Cloud rechtlich möglich ist, welche Anbieter es auf dem deutschen Markt gibt und ob eine Akzeptanz bei deutschen Krankenhäusern vorhanden ist. Die Fragestellung lautet daher: Hat die PACS-Langzeitarchivierung in der Cloud eine Zukunft in Deutschland?

Die rechtlichen Vorgaben in Deutschland sind hoch aber speziell in diesem Kontext sind sie händelbar und stellen weder Krankenhaus noch Cloud-Anbieter vor unlösbare Probleme. Trotzdem haben bisher nur wenige Krankenhäuser den Schritt externe Langzeitarchivierung der Bilddaten geplant oder bereits vollzogen. Die Verletzung des Datenschutzes ist die größte Angst der Krankenhäuser, die aber, wie diese Arbeit aufzeigt, unbegründet ist.

Inhalt

1 Einleitung

1.1 Einführung

Durch die fortschreitende Digitalisierung in Krankenhäusern haben die dortigen IT-Abteilungen mit stark wachsendem Speicherbedarf zu kämpfen. Kamen die digitalen Bilder vor ein paar Jahren primär aus der Radiologie von Röntgengeräten und CTs, ist die Anzahl der medizinischen Geräte, die Bilddaten in ein digitales Archiv senden können, stark angestiegen. Zusätzlich kommen immer neue medizinische Geräte auf den Markt, die hochauflösende Bilddaten erzeugen, mit denen eine bessere Befundung möglich ist. Dieser Trend sorgt dafür, dass der Speicherbedarf für die Archivierung der medizinischen Bilddaten in vielen Krankenhäusern in den letzten Jahren schlagartig explodiert ist. Hatte man früher Datenvolumina von wenigen Megabyte pro Untersuchung zu archivieren, sind heute bei hochauflösenden und bewegten Bilddaten schon mehrere Gigabyte pro Untersuchung möglich. Erschwerend kommt hinzu, dass verschiedene Gesetze die Ärzte und Krankenhäuser dazu verpflichten diese Daten über Jahre hinweg aufzubewahren. Die archivierten Daten müssen dabei hochverfügbar abgelegt und jederzeit schnell abrufbar sein. Da Aufbewahrungsfristen von bis zu 30 Jahren möglich sind, muss auch ein mehrmaliger Medienwechsel der gesamten Daten erfolgen, da die Systeme, die heute zur Speicherung eingesetzt werden, in 30 Jahren nicht mehr Stand der Technik sind.

Grundsätzlich ist die Cloud-Nutzung bei deutschen Unternehmen in den letzten Jahren immer weiter gestiegen (vgl. KPMG, S. 8), sodass damit zu rechnen ist, dass auch in diesem Kontext die Vorteile von Cloud Computing für die Krankenhäuser interessant sein dürften.

1.2 Ziel der Arbeit

Aufgrund der oben genannten Punkte kann es für die IT-Abteilungen der Krankenhäuser interessant sein, die Verantwortung für dieses Archiv an einen externen Anbieter abzugeben. Ziel der Arbeit ist es daher zu ermitteln, ob dieses Vorgehen rechtlich möglich ist, welche Anbieter es auf dem deutschen Markt gibt und ob dies von deutschen Krankenhäusern überhaupt akzeptiert wird.

1.3 Fragestellung

Im Rahmen dieser Arbeit soll die Fragestellung „Hat die PACS-Langzeitarchivierung in der Cloud eine Zukunft in Deutschland?" mit Hilfe der folgende Teilfragen beantwortet werden:

- Welche rechtlichen Vorgaben gibt es?
- Welche Anbieter gibt es am Markt?
- Wie ist die Akzeptanz bei den Krankenhäusern?

1.3.1 Welche rechtlichen Vorgaben gibt es?

Es wird betrachtet, welche rechtlichen Bedingungen ein Krankenhaus berücksichtigen muss, wenn es das Langzeitarchiv seines PACS in die Cloud verlegen möchte.

1.3.2 Welche Anbieter gibt es am Markt?

Es wird ermittelt, welche Anbieter es in Deutschland gibt, die die Langzeitarchivierung für ein PACS in der Cloud als Service anbieten. Charakteristisch hierbei ist, dass die entsprechenden Daten außerhalb des Krankenhauses durch einen Dienstleister in einem entfernten Rechenzentrum aufbewahrt werden aber trotzdem jederzeit ein Abruf bzw. Zugriff möglich ist.

1.3.3 Wie ist die Akzeptanz bei den Krankenhäusern?

Es soll ermittelt werden, welche Krankenhäuser aktuell bereits Ihr PACS-Langzeitarchiv ausgelagert haben oder es für die Zukunft planen und welche Gründe die Krankenhäuser möglicherweise davon abhalten es nicht zu tun.

1.4 Gliederung der Arbeit

Das Kapitel eins beschreibt Gegenstand und Motivation für diese Arbeit, sowie die daraus abgeleiteten Ziele und die Fragestellungen. Im Kapitel zwei werden die notwendigen Grundlagen zum Verständnis der Arbeit erläutert. Das dritte Kapitel beschreibt die angewandten Methoden zur Beantwortung der Fragestellungen. Das vierte Kapitel beschäftigt sich mit den Ergebnissen dieser Studie. Im Kapitel fünf folgt eine Diskussion. Abgeschlossen wird die Arbeit mit einer Zusammenfassung im Kapitel sechs.

2 Grundlagen

Dieses Kapitel beschäftigt sich mit grundlegenden Begriffen, die für das Verständnis dieser Arbeit notwendig sind.

2.1 Cloud Computing

„Unter Cloud Computing (deutsch Rechnerwolke) versteht man die Ausführung von Programmen, die nicht auf dem lokalen Rechner installiert sind, sondern auf einem anderen Rechner, der aus der Ferne aufgerufen wird (bspw. über das Internet)" (Wikipedia).

Eine ursprünglich vom National Institute of Standards and Technology veröffentlichte Definition unterscheidet beim Cloud Computing 4 Liefermodelle:

- Private Cloud – die private Rechnerwolke

  Die Cloud Infrastruktur wird ausschließlich für eine Organisation betrieben. Sie kann von der Organisation oder einem beauftragten Dienstleister betrieben werden.

- Public Cloud – die öffentliche Rechnerwolke

  Die Cloud Infrastruktur ist grundsätzlich für alle oder eine große Zielgruppe nutzbar und wird von Organisation betrieben, die die Dienste kostenlos oder kostenpflichtig bereitstellt.

- Community Cloud – die gemeinschaftliche Rechnerwolke

  Wie bei Public Cloud, allerdings ist sie auf einen kleineren Nutzerkreis beschränkt. Oft teilen sich mehrere Nutzer durch den gemeinschaftlichen Betrieb die Kosten.

- Hybrid Cloud – die hybride Rechnerwolke

  Kombinationen aus Private, Public und Community Cloud

(vgl. National Institute of Standards and Technology).

Die Auslagerung des Langzeitarchivs für medizinische Bilddaten würde nach diesem Schema in die Private Cloud erfolgen.

2.2 Modalitäten

„Medizingeräte, die der Bildgebung dienen, bezeichnet man als Modalitäten. Dazu zählen das (klassische) Röntgen ebenso wie das CT und MRT" (Johner und Haas 2009, S. 233).

2.3 DICOM

Digital Imaging and Communications in Medicine (DICOM; deutsch Digitale Bildverarbeitung und -kommunikation in der Medizin) ist ein offener Standard zur Speicherung und zum Austausch von Informationen im medizinischen Bilddatenmanagement, deren erste Versionen aus den 70er Jahren des letzten Jahrhunderts stammen und ursprünglich ACR/NEMA Standard hießen. Dieses Akronym weist auf die beteiligten Initiatoren hin, nämlich das American College of Radiology und die National Electrical Manufacturers Association. Erst seit 1992 spricht man von DICOM. Neben den digitalen Bildern können sich auch Zusatzinformationen wie Segmentierungen, Oberflächendefinitionen oder Bildregistrierungen im DICOM-Format befinden. Genauso lassen sich aber auch Audiodaten, EKG-Signale und Befunde mit Hilfe von DICOM übermitteln. Mit DICOM wird sowohl das Format zur Speicherung der Daten, als auch das Kommunikationsprotokoll zu deren Austausch standardisiert. Fast alle Hersteller bildgebender oder bildverarbeitender Systeme in der Medizin wie z.B. Digitales Röntgen, Magnetresonanztomographie, Computertomographie oder Sonographie implementieren den DICOM-Standard in ihren Produkten. Dadurch wird im klinischen Umfeld Interoperabilität zwischen Systemen verschiedener Hersteller ermöglichen. Auch die Speicherung im zentralen Archiv (PACS) erfolgt mit DICOM (vgl. Wikipedia 2015a) (vgl. Johner 2010, S. 56).

„Die einzelnen DICOM-Dateien (Bilder) sind zu Serien und diese wiederum zu Studien gruppiert. Jeder Patient kann eine oder mehrere Studien haben. Meistens arbeitet man nur mit einer Studie, dafür mit vielen Serien. Bei jeder neuen Modalität, bei jedem neuen Aufnahmeparameter wie T1/T2-Gewichtung bei Kernspin-Aufnahmen, bei der Gabe von Kontrastmitteln oder einer Umlagerung des Patienten beginnt eine neue Serie" (Johner 2010, S. 57).

2.4 PACS

PACS steht für Picture Archiving and Communication System (deutsch etwa Bildarchivierungs- und Kommunikationssystem).

Ein PACS ist ein digitales Archiv für medizinische Bilddaten und damit eine Einrichtung zur langfristigen, geordneten und unveränderten Aufbewahrung digitaler medizinischer Bildinformationen (vgl. DIN 6878-1).

Dabei senden die Modalitäten im Krankenhaus, ursprünglich primär aus der Radiologie und der Nuklearmedizin, ihre digitalen Bilddaten an das zentrale Speichersystem. Heute unterstützten die meisten medizinischen Geräte den DICOM-Standard, sodass auch anderen bildgebenden Verfahren, etwa aus Endoskopie, Kardiologie, Pathologie und Mikrobiologie, für die PACS-Verarbeitung in Frage kommen. Ein PACS besteht dabei aus dem PACS-Server in Verbindung mit einem Kurz- und Langzeitarchiv. Die Betrachtungs-, Nachbearbeitungs-, und Befundungsrechner können die Bilder vom PACS ansehen, bzw. abrufen und auch nachbearbeitete Untersuchungen wieder im PACS ablegen. In der Regel findet darüber hinaus auch eine Anbindung an ein Radiologie-Informationssystem (RIS) statt (vgl. Wikipedia 2015b).

Eine Reihe von gesetzlichen Vorschriften fordern eine Langzeitarchivierung medizinischer Bilddaten (vgl. Kapitel 4.1.1 Archivierungspflicht).

2.5 Funktionsprinzip externe Archivierung

Um die rechtlichen Vorgaben einzuhalten, arbeiten die Anbieter von Lösungen zur externen Archivierung prinzipiell alle sehr ähnlich. Die Modalitäten in der Klinik senden ihre Bilder an das PACS, welches dann sofort oder zyklisch die Bilder an einen Repository Server sendet, der sich ebenfalls im Krankenhaus befindet, aber vom Dienstleister betrieben wird. Dieser verschlüsselt die Bilder und sendet sie dann über ein VPN oder eine Direktverbindung ins Rechenzentrum des Dienstleisters, wo sie dann abgelegt werden. Beim Abruf der Bilder aus dem Archiv ruft das PACS die Bilder beim Repository Server ab, der sie dann aus dem Rechenzentrum abholt und am Repository Server wieder entschlüsselt und dann ans PACS liefert (vgl. Externe Archivierung medizinischer Daten).

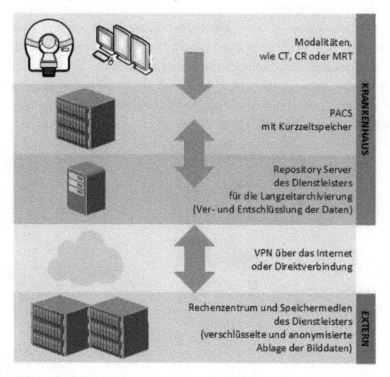

Abbildung 1: Funktionsprinzip der externen Archivierung (eigene Abbildung)

3 Methodik

In diesem Kapitel werden die Methoden beschrieben, mit der die wissenschaftlichen Fragestellungen beantworten werden sollen.

Neben der der klassischen Literaturrecherche wurde für diese Arbeit auch das World Wide Web genutzt um mit Hilfe von Suchmaschinen Anbieter zu ermitteln, die die Langzeitarchivierung von medizinischen Bilddaten in der Cloud anbieten. Potentielle Anbieter wurden dann direkt kontaktiert, um weitere Informationen zu erhalten. Auf den Webseiten der Anbieter befindliche Informationen wurden direkt ausgewertet.

Um die Akzeptanz der Krankenhäuser für die Langzeitarchivierung in der Cloud zu ermitteln, wurde ein Fragenkatalog entworfen, welcher in einem Dienst für Onlineumfragen eingestellt wurde (siehe Anhang). Über die Business-Kontakt-Plattform Xing wurden IT-Leiter von Krankenhäusern gezielt gesucht. Zusätzlich wurden die Kontaktdaten von Krankenhaus-IT-Leitern über die Suchmaschine Google auf den Webseiten der Krankenhäuser ermittelt. Die Entscheider wurden dann per E-Mail oder über das Nachrichtensystem von Xing kontaktiert und darum gebeten an der kurzen Umfrage teilzunehmen. Etwa ein Drittel der angefragten Personen haben sich bereit erklärt an der Onlineumfrage zum Thema „Akzeptanz der Krankenhäuser für die PACS-Langzeitarchivierung in der Cloud" teilzunehmen.

4 Ergebnisse

In diesem Kapitel werden die Ergebnisse aufgezeigt, die bei durch die im vorherigen Kapitel genannten Methoden ermittelt wurden.

4.1 Welche rechtlichen Vorgaben gibt es?

Die rechtliche Betrachtung des Themas ist sehr komplex. Neben der grundsätzlich geltenden Archivierungspflicht, die auch besteht, wenn man die Untersuchungen in den eigenen vier Wänden vorhält, rücken bei der rechtlichen Betrachtung der Auslagerung des Langzeitarchivs die datenschutzrechtlichen Vorgaben in den Vordergrund.

„Während eine Reihe von Rechtsgrundlagen bundeseinheitlich zur Anwendung kommen, wie das Strafgesetzbuch, das auf Einrichtungen in privater Trägerschaft anwendbare Bundesdatenschutzgesetz und das vornehmlich die Beziehungen zu den Sozialleistungsträgern regelnde Sozialgesetzbuch, so sind die rechtlichen Rahmenbedingungen doch stark durch das Landesrecht geprägt. Während die Ärztekammern zwar eigenständige, aber doch noch weitgehend deckungsgleiche Berufsordnungen beschlossen haben, variieren die Landesdatenschutzgesetze und deutlich mehr noch die Landeskrankenhausgesetze in ihrer Regelungstiefe und der Breite der Erlaubnis und gesetzten Voraussetzungen für die Offenbarung von Patientendaten an Ärzte anderer Leistungserbringer und deren Gehilfen" (Arbeitskreise Gesundheit und Soziales sowie Technische und organisatorische Datenschutzfragen der Konferenz der Datenschutzbeauftragten des Bundes und der Länder 2014, S. 39).

Im Kontext der Auslagerung des Langzeitarchivs für medizinische Bilddaten sind folgende Gesetze maßgeblich zu betrachten:

- Ärztliches Berufsrecht

    o (Muster-) Berufsordnung für die deutschen Ärztinnen und Ärzte, § 9 MBO-Ä - ärztliche Schweigepflicht

13

o Strafgesetzbuch, § 203 StGB - Verletzung von Privatgeheimnissen

- Allgemeines Datenschutzrecht

    o Landesdatenschutzgesetze

    o Landeskrankenhausgesetze

    o Bundesdatenschutzgesetz (BDSG)

    o Kirchengesetz über den Datenschutz der Evangelischen Kirchen in Deutschland (DSG-EKG) und Anordnung über den kirchlichen Datenschutz (KDO)

- Spezielles Datenschutzrecht

    o Sozialgesetzbücher

    o Röntgenverordnung

    o Strahlenschutzverordnung

(vgl. Unabhängiges Landeszentrum für Datenschutz Schleswig-Holstein, S. 2).

4.1.1 Archivierungspflicht

Die Pflicht zur Archivierung von Röntgenuntersuchungen definiert unter anderem die (Muster-) Berufsordnung für die in Deutschland tätigen Ärztinnen und Ärzte (MBO-Ä), da ärztliche Aufzeichnungen zur Dokumentation mindestens 10 Jahre aufbewahrt werden müssen, wenn andere gesetzliche Vorschriften nicht eine längere Aufbewahrungsfrist definieren (vgl. § 10 Abs. 3 MBO-Ä). Auch die Verordnung über den Schutz vor Schäden durch Röntgenstrahlen (Röntgenverordnung - RÖV) und die Verordnung über den Schutz vor Schäden durch ionisierende Strahlen (Strahlenschutzverordnung - StrSchV) definieren die Aufbewahrungspflicht. Zum einen fordert die Röntgenverordnung die Aufbewahrung von Aufzeichnungen über Röntgenbehandlungen für 30 Jahre. Die Röntgenbilder selber hingegeben sind 10 Jahre aufzubewahren. Röntgenbilder von Personen welche das 18. Lebensjahr noch nicht erreicht haben, müssen bis zur Vollendung des 28. Lebensjahres aufbewahrt werden (vgl. § 28 Abs. 3 RÖV).

Die Strahlenschutzverordnung fördert ebenfalls eine Aufbewahrungspflicht von 30 Jahren für die Aufzeichnungen über die Untersuchung (vgl. § 85 Abs. 3 StrlSchV). Da die Aufzeichnungen über Röntgenbehandlungen (z.B. Dosis-Werte) zusammen mit den Röntgenbildern im PACS gespeichert werden, ergibt sich dadurch in der Praxis für die Krankenhäuser eine Aufbewahrungszeit von 30 Jahren im PACS.

4.1.2 Datenschutz

„Im Gegensatz zum sonstigen Rechtssystem gilt beim Datenschutz nicht was nicht verboten ist, ist erlaubt, sondern nur was explizit erlaubt ist, ist erlaubt" (Johner 2014).

Grundsätzlich ist die Weiterleitung an Dritte als Form der Verarbeitung von personenbezogenen Daten nur zulässig, soweit das Bundesdatenschutzgesetz oder eine andere Rechtsvorschrift dies erlaubt oder der Betroffene eingewilligt hat (vgl. § 4 Abs. 1 BDSG).

Bei der externen Archivierung handelt es sich aber nicht um eine datenschutzrechtliche Übermittlung der Daten, sondern um eine privilegierte Funktionsübertragung. Dadurch ist keine Einverständniserklärung der betroffenen Patienten notwendig, da der Archivanbieter – Auftragsnehmer - ausschließlich auf Anweisung des Krankenhauses - Auftraggeber - tätig wird und der Auftraggeber die Art und Weise festlegt, in welcher der Auftragnehmer die Daten verarbeitet (vgl. Gemeinsame Arbeitsgruppe Auftragsdatenverarbeitung, S. 10).

Im Falle der externen Archivierung von medizinischen Bilddaten macht man sich die Möglichkeit der Anonymisierung zu Nutze. Die Daten werden noch im Krankenhaus anonymisiert und so an den externen Archivanbieter gesendet. D.h. es erfolgt keine Weitergabe von personenbezogenen Daten an einen Dritten. Die Identifizierung der Untersuchung erfolgt über einen eindeutigen Identifikator, der study instance unique identifier (study instance uid), die schon in der Modalität generiert wird und in den Stammdaten des PACS abgespeichert wird. Wenn das PACS im Archiv eine Untersuchung abrufen möchte, fragt es diese nur mit der study instance uid an.

Datenschutzrechtlich werden also durch die Anonymisierung keine personenbezogenen Daten mehr weitergegeben. Der Gesetzgeber fordert die Umsetzung technischer und organisatorische Maßnahmen nach dem Verhältnismäßigkeitsprinzip (vgl. § 9 BDSG).

Da jedoch grundsätzlich keine konkreten technischen Vorgaben definiert werden, wie der Schutz der Daten zu gewährleisten ist, besteht eine gewisse Unsicherheit für Krankenhaus und Archivanbieter.

Einen Ansatz liefert jedoch die Anlage zu § 9 Satz 1 BDSG:

„Werden personenbezogene Daten automatisiert verarbeitet oder genutzt, ist die innerbehördliche oder innerbetriebliche Organisation so zu gestalten, dass sie den besonderen Anforderungen des Datenschutzes gerecht wird. Dabei sind insbesondere Maßnahmen zu treffen, die je nach der Art der zu schützenden personenbezogenen Daten oder Datenkategorien geeignet sind,

1. Unbefugten den Zutritt zu Datenverarbeitungsanlagen, mit denen personenbezogene Daten verarbeitet oder genutzt werden, zu verwehren (Zutrittskontrolle),

2. zu verhindern, dass Datenverarbeitungssysteme von Unbefugten genutzt werden können (Zugangskontrolle),

3. zu gewährleisten, dass die zur Benutzung eines Datenverarbeitungssystems Berechtigten ausschließlich auf die ihrer Zugriffsberechtigung unterliegenden Daten zugreifen können, und dass personenbezogene Daten bei der Verarbeitung, Nutzung und nach der Speicherung nicht unbefugt gelesen, kopiert, verändert oder entfernt werden können (Zugriffskontrolle),

4. zu gewährleisten, dass personenbezogene Daten bei der elektronischen Übertragung oder während ihres Transports oder ihrer Speicherung auf Datenträger nicht unbefugt gelesen, kopiert, verändert oder entfernt werden können, und dass überprüft und festgestellt werden kann, an welche Stellen eine Übermittlung personenbezogener Daten durch Einrichtungen zur Datenübertragung vorgesehen ist (Weitergabekontrolle),

5. zu gewährleisten, dass nachträglich überprüft und festgestellt werden kann, ob und von wem personenbezogene Daten in Datenverarbeitungssysteme eingegeben, verändert oder entfernt worden sind (Eingabekontrolle),

6. zu gewährleisten, dass personenbezogene Daten, die im Auftrag verarbeitet werden, nur entsprechend den Weisungen des Auftraggebers verarbeitet werden können (Auftragskontrolle),

7. zu gewährleisten, dass personenbezogene Daten gegen zufällige Zerstörung oder Verlust geschützt sind (Verfügbarkeitskontrolle),

8. zu gewährleisten, dass zu unterschiedlichen Zwecken erhobene Daten getrennt verarbeitet werden können.

Eine Maßnahme nach Satz 2 Nummer 2 bis 4 ist insbesondere die Verwendung von dem Stand der Technik entsprechenden Verschlüsselungsverfahren"

(Anlage zu § 9 Satz 1 BDSG).

Da die Verschlüsslung von Daten heute verhältnismäßig einfach zu realisieren ist und den anerkannten Regeln der Technik entspricht, wird diese als zusätzlicher Schutz von den Archivanbietern durchgeführt.

Wichtig ist, dass das Krankenhaus die grundsätzlichen Risiken soweit minimieren muss, dass ihm keine Fahrlässigkeit oder sogar Vorsatz vorgeworfen werden kann (vgl. § 43 BDSG).

Es besteht auch die Möglichkeit die Aufsichtsbehörden bereits in der Planungsphase solcher Projekte mit einzubeziehen und somit eine offizielle Bestätigung der korrekten Vorgehensweise attestiert zu bekommen.

Das Krankenhaus ist als Auftraggeber dazu verpflichtet regelmäßig die Einhaltung der Datensicherheitsmaßnahmen zu überprüfen (vgl. § 11 BSDG).

In der Praxis wird dies nicht sehr einfach umzusetzen sein, da die wenigsten Anbieter den Kunden Zutritt zu deren Rechenzentren und Systemen ermöglichen werden. Aus diesem Grund ist es sinnvoll, dass der Anbieter über entsprechende Gütesiegel oder Zertifizierungen verfügt, die regelmäßig erneuert werden. Auch über ein Informationssicherheits-Managementsystem (z.B. nach ISO 270001) sollte der Anbieter verfügen. Dies gibt dem Krankenhaus als Auftraggeber die Sicherheit im Falle einer Kontrolle durch die Aufsichtsbehörden oder in einem Gerichtsverfahren auf diese verweisen zu können.

Das BDSG definiert, welche Bestandteile im Vertrag zwischen Auftraggeber und Auftragnehmer schriftlich geregelt werden müssen:

„Der Auftrag ist schriftlich zu erteilen, wobei insbesondere im Einzelnen festzulegen sind:

1. der Gegenstand und die Dauer des Auftrags,

2. der Umfang, die Art und der Zweck der vorgesehenen Erhebung, Verarbeitung oder Nutzung von Daten, die Art der Daten und der Kreis der Betroffenen,

3. die nach § 9 zu treffenden technischen und organisatorischen Maßnahmen,

4. die Berichtigung, Löschung und Sperrung von Daten,

5. die nach Absatz 4 bestehenden Pflichten des Auftragnehmers, insbesondere die von ihm vorzunehmenden Kontrollen,

6. die etwaige Berechtigung zur Begründung von Unterauftragsverhältnissen,

7. die Kontrollrechte des Auftraggebers und die entsprechenden Duldungs- und Mitwirkungspflichten des Auftragnehmers,

8. mitzuteilende Verstöße des Auftragnehmers oder der bei ihm beschäftigten Personen gegen Vorschriften zum Schutz personenbezogener Daten oder gegen die im Auftrag getroffenen Festlegungen,

9. der Umfang der Weisungsbefugnisse, die sich der Auftraggeber gegenüber dem Auftragnehmer vorbehält,

10. die Rückgabe überlassener Datenträger und die Löschung beim Auftragnehmer gespeicherter Daten nach Beendigung des Auftrags"

(§ 11 Absatz 2 BDSG).

4.2 Welche Anbieter gibt es am Markt?

Es gibt derzeit 2 Arten von Anbietern, die die externe Archivierung in diesem Umfeld ermöglichen:

- Externe Archivierung durch den PACS-Software-Hersteller
- Externe Archivierung durch unabhängige Anbieter

4.2.1 Externe Archivierung durch den PACS-Software-Hersteller

Die Recherche in diesem Umfeld stellt sich als sehr schwer dar. Es gibt nur sehr wenige PACS-Software-Hersteller, die in diesem Umfeld überhaupt aktiv sind. In diesen Fällen gibt es aber kaum Informationen zu den angebotenen Lösungen. In einigen Fällen stellte sich heraus, dass die Software-Hersteller hier nur als Vermittler der Lösungen von unabhängigen Anbietern auftreten und keine eigene Lösung anbieten und/oder ihr Produkt in Deutschland nicht vermarkten. Aufgrund unzureichender Informationen wurden diese Anbieter im Rahmen dieser Arbeit nicht näher betrachtet. Als Beispiel sei GE Healthcare mit dem Centricity Image Archive genannt, die auf einen Partner zur Realisierung zurückgreifen und zusätzlich das Produkt nicht auf dem deutschen Markt anbieten (vgl. GE Healthcare, S. 2).

4.2.2 Externe Archivierung durch unabhängige Anbieter

Die Recherche hat ergeben, dass es derzeit 2 relevante Anbieter auf dem deutschen Markt gibt, die die Daten in deutschen Rechenzentren aufbewahren und unabhängig von PACS-Software-Herstellern arbeiten:

4.2.2.1 Telepaxx Medical Archiving GmbH

Marktführer ist hier derzeit das Unternehmen Telepaxx Medical Archiving GmbH aus Büchenbach mit ihrem Produkt e-pacs Speicherdienst. Das Unternehmen hat nach eigenen Angaben mehr als 600 medizinische Einrichtungen als Kunden (u.a. die größten Klinikträger Deutschlands). Das Unternehmen besteht seit 1996 und wirbt damit, das erste Medizinarchiv mit Datenschutzgütesiegel zu sein, da es bereits im

Jahr 2003 vom Unabhängigen Landeszentrum für Datenschutz (ULD) zertifiziert wurde und seit 2008 über das europäische European Privacy Seal (EuroPriSe) verfügt (vgl. Telepaxx).

4.2.2.2 Deutsche Telekom Healthcare and Security Solutions GmbH

Die Deutsche Telekom Healthcare and Security Solutions GmbH mit Ihrem Produkt Study-based Archiving Service „StArcS" bietet ebenfalls eine PACS-Langzeitarchivierung in einem externen Rechenzentrum an.

Die Lösung der Telekom verfügt über das Datenschutzsiegel der DSZ (vgl. stratego IT management GmbH).

Zusätzlich zu dem Konzept die Daten im Krankenhaus zu verschlüsseln und nur verschlüsselt im externen Rechenzentrum zu speichern, gibt die Telekom auch an ein datenschutzkonformes Konzept zu haben, welches ermöglicht die Daten erst im Rechenzentrum zu verschlüsseln. Für den Kunden hat dies den Vorteil, dass bei einer möglicherweise notwendigen Neuverschlüsslung (weil der aktuell verwendete Verschlüsslungsstandard nicht mehr als sicher gilt) die Bilder nicht erst wieder ins Krankenhaus geladen werden müssen, damit sie dort vom Repository Server entschlüsselt und neu verschlüsselt werden müssen. Die Neuverschlüsslung kann dann direkt im Rechenzentrum des Anbieters geschehen.

Da man sich mit diesem Konzept einen Wettbewerbsvorteil erhofft, hat der Anbieter verständlicherweise abgelehnt rechtliche Details zu diesem Konzept im Rahmen der Projektarbeit preiszugeben.

4.2.3 Akzeptanz bei den Krankenhäusern

Angefragt wurde deutschlandweit bei 67 Krankenhäuser, von denen sich 23 Häuser bereit erklärt haben anonym an der Befragung teilzunehmen. Die Ergebnisse sind damit bei knapp 2000 Krankenhäusern in Deutschland (vgl. statista) nicht repräsentativ zeigen aber einen Trend auf.

Bei fast 90% der teilnehmenden Krankenhäuser befindet sich das PACS-Langzeitarchiv demnach im eigenen Rechenzentrum.

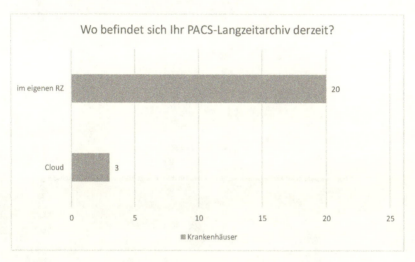

Abbildung 2: Wo befindet sich Ihr PACS-Langzeitarchiv derzeit? (eigene Abbildung)

Planungen das Archiv in den nächsten Jahren in die Cloud zu verlegen gibt es auch nur bei knapp 10 % der befragten Krankenhäuser. Ein an der Umfrage teilnehmendes Krankenhaus hat diese Frage übersprungen.

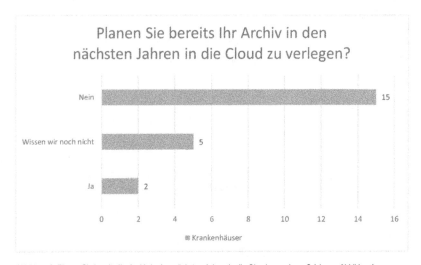

Abbildung 3: Planen Sie bereits Ihr Archiv in den nächsten Jahren in die Cloud zu verlegen? (eigene Abbildung)

Als Ursache für diese Zurückhaltung geben ein Großteil der befragten Krankenhäuser Datenschutzbedenken oder das Bedürfnis die eigenen Daten nicht aus der Hand geben zu wollen an. Zwei Krankenhäuser haben diese Frage übersprungen.

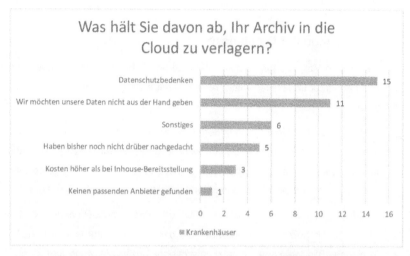

Abbildung 4: Was hält Sie davon ab, Ihr Archiv in die Cloud zu verlegen? (eigene Abbildung)

Als Sonstige Gründe wurden mit Freitext folgende Antworten gegeben:

- „es besteht kein Bedarf"
- „Cloud ist keine Lösung"
- „Performance und Bandbreitenprobleme"
- „Wird von der Zentrale in Berlin entschieden, eigenes RZ in Erfurt
- Dicom RTDaten (Elektra) liegen in der Cloud. PACS Hersteller (Cerner) läßt jedoch technisch das Konzept für die Cloud nicht zu, wie wir es uns vorstellen. Ich muss die Daten 1:1 in der Klinik und Cloudbetreibe vorhalten. Und das macht keinen Sinn, möchte LZArchiv in Cloud haben"
- „25TB PACSDaten lassen sich mit einem "überschaubaren" Aufwand im hauseigenen hochverfügbaren RZ aufbewahren."

5 Diskussion

In diesem Kapitel werden die Ergebnisse diskutiert, die Schwächen der Arbeit, sowie unbeantwortete und neue Fragestellungen aufgezeigt.

5.1 Diskussion der Ergebnisse

Die rechtlichen Vorgaben in Deutschland sind hoch aber speziell in diesem Kontext sind sie händelbar und stellen weder Auftraggeber noch Auftragnehmer vor unlösbare Probleme.

Die Ergebnisse der Umfrage bei den Krankenhäusern zeigt deutlich, dass nur vereinzelt Krankenhäuser den Schritt externe Langzeitarchivierung der Bilddaten planen oder bereits vollzogen haben. Das erklärt auch, warum die Anzahl der Anbieter solcher Lösungen auf dem deutschen Markt derzeit sehr überschaubar ist.

Die größte Angst der Krankenhäuser liegt bei der Datenschutz-Problematik, die aber, wie diese Arbeit aufzeigt, unbegründet ist, da sich die externe Archivierung von medizinischen Bilddaten datenschutzkonform ohne großen Aufwand realisieren lässt.

Die Sorge der Krankenhäuser, die Verantwortung für die Archivierung an einen externen Dienstleister abzutreten ist durchaus berechtigt und lässt sich nicht ausräumen, da es grundsätzlich möglich ist, dass die Daten und die Verfügbarkeit z.B. durch Insolvenz oder Konkurs des Anbieters gefährdet sein könnten. Dies wurde im Rahmen dieser Arbeit jedoch nicht näher betrachtet.

5.2 Schwächen der Arbeit

Im Rahmen der Arbeit konnten die zwei auf dem deutschen Markt wesentlichen Wettbewerber für die externe Archivierung von medizinischen Bilddaten beleuchtet werden. Die Detailtiefe musste hier jedoch eingeschränkt werden, da die Anbieter aus wettbewerbsgründen verständlicherweise nicht zu viele Details preisgeben wollten.

Bedauerlicherweise hat sich auch kein PACS-Hersteller bereiterklärt Informationen über deren proprietäre Lösungen zur externen Archivierung für diese Arbeit bereitzustellen, sodass eine ganzheitliche Betrachtung des deutschen Marktes nicht möglich war.

Auch die Umfrage bei den deutschen Krankenhäusern hat nur eine geringe Anzahl an Antworten erzeugt. Für eine verbindliche Aussage müsste die Anzahl der Teilnehmer stark erhöht werden. Trotzdem reichen die Ergebnisse um einen Trend zu erkennen.

5.3 Unbeantwortete und neue Fragestellungen

Im Rahmen der Arbeit konnte leider nicht verglichen werden, wie sich die Langzeitarchivierung im eigenen Rechenzentrum und der Archivierung im externen Rechenzentrum finanziell für die Krankenhäuser unterscheidet. Leider haben die Anbieter abgelehnt, dass die Preise im Rahmen dieser Arbeit veröffentlicht werden, um eine beispielhafte Kalkulation durchzuführen. Die individuellen Parameter in Krankenhäusern führen aber dazu, dass jedes Krankenhaus bei vorhandenem Interesse eine eigene Gegenüberstellung der Vor- und Nachteile, sowie der Kosten anstellen sollte. Das einige der befragten Krankenhäuser angegeben haben, dass die Kosten der externen Archivierung höher als im eigenen RZ sind, zeigt ebenfalls, dass man das Thema aus finanzieller Sicht kritisch betrachten sollte und für den gesamten Zeitraum der Archivierung (in der Regel 30 Jahre) einen Kostenvergleich anstellen sollte. Ob für die Krankenhäuser bei der die Verlegung des Langzeitarchivs in die Cloud als Ziel die Kostenreduzierung im Vordergrund steht, wäre eine weitere zu klärende Fragestellung.

6 Zusammenfassung

In Krankenhäusern fallen viele medizinische Bilddaten an, die in der Praxis aufgrund verschiedener gesetzlicher Vorschriften in der Regel für 30 Jahre archiviert werden müssen. Im Zusammenhang mit dem stark steigenden Speicherplatzbedarf durch zunehmende Digitalisierung und Bilder, die immer hochauflösender werden, stellt man die IT-Abteilungen der Krankenhäuser vor eine Herausforderung, da die Speichertechnologien innerhalb der 30 Jahre in der Regel mehrmals ausgetauscht werden müssen, um dem aktuellen Stand der Technik zu genügen.

Ziel der Arbeit war es daher mit Hilfe von Literaturrecherche zu erarbeiten, ob eine Auslagerung des PACS-Langzeitarchivs in die Cloud rechtlich möglich ist, welche Anbieter es auf dem deutschen Markt gibt und mit Hilfe einer Umfrage bei einigen Krankenhäusern zu ermitteln, ob für dieses Vorgehen eine Akzeptanz bei deutschen Krankenhäusern vorhanden ist. Die Fragestellung lautete daher: Hat die PACS-Langzeitarchivierung in der Cloud eine Zukunft in Deutschland?

Die rechtlichen Vorgaben in Deutschland sind hoch aber in diesem Kontext sind sie händelbar und stellen weder Krankenhaus noch Cloud-Anbieter vor unlösbare Probleme. Die Umfrage bei den Krankenhäusern zeigte jedoch, dass bisher nur wenige Krankenhäuser den Schritt externe Langzeitarchivierung der Bilddaten geplant oder bereits vollzogen haben. Die Verletzung des Datenschutzes ist die größte Angst der Krankenhäuser, die aber, wie diese Arbeit aufzeigt, unbegründet ist, denn die Anonymisierung und Verschlüsslung der Daten, bevor Sie das Haus verlassen, sind hierbei die wichtigsten Maßnahmen, die zum Schutz der Daten ergriffen werden und beides ist heute ohne größere Aufwende implementierbar.

Der Markt in Deutschland ist überschaubar und die vorhandenen Anbieter waren zum größten Teil nicht bereit Informationen für eine wissenschaftliche Betrachtung des Themas zur Verfügung zu stellen.

Die Umfrage bei den deutschen Krankenhäusern zeigt nur einen Trend auf, da nur eine geringe Anzahl an Antworten erzeugt werden konnte.

Ein finanzieller Vergleich zwischen Langzeitarchivierung im eigenen Haus und im externen Rechenzentrum wäre zur Vollständigen Beantwortung der Fragestellung notwendig gewesen, aber aufgrund nicht verwendbarer Informationen unmöglich.

7 Literaturverzeichnis

Arbeitskreise Gesundheit und Soziales sowie Technische und organisatorische Datenschutzfragen der Konferenz der Datenschutzbeauftragten des Bundes und der Länder (2014): Orientierungshilfe Krankenhausinformationssysteme. Online verfügbar unter https://www.datenschutz-bayern.de/technik/orient/oh-kis.pdf.

DIN 6878-1: Digitale Archivierung in der medizinischen Radiologie. Teil 1: Allgemeine Anforderungen an die Archivierung von Bildern 2013-01.

Externe Archivierung medizinischer Daten. Der e-pacs Speicherdienst. In: *Krankenhaus-IT Journal*. Online verfügbar unter http://www.medizin-edv.de/ARCHIV/Externe%20Archivierung%20medizinischer%20Daten.pdf.

GE Healthcare: Cloud-based archiving. Centricity™ Image Archive. Secure. Easy. Affordable. Online verfügbar unter http://www3.gehealthcare.com/~/media/downloads/us/product/product-categories/healthcare%20it/centricity-image-archive/centricity-image-archive-brochure_jb24103us.pdf?Parent=%7BED397C2B-680E-4FAA-9FDA-3BD4BD5CA605%7D, zuletzt geprüft am 30.06.2016.

Gemeinsame Arbeitsgruppe Auftragsdatenverarbeitung: Muster-ADV-Vertrag für das Gesundheitswesen. Online verfügbar unter http://www.bvitg.de/tl_files/public/downloads/publikationen/sonstige/ADV-Vertrag/Muster-ADV-Vertrag.docx, zuletzt geprüft am 17.04.2016.

Johner (2010): „Wie funktioniert eigentlich...?" DICOM. In: *Krankenhaus-IT Journal* (4), S. 56–57. Online verfügbar unter http://www.medizin-edv.de/ARCHIV/Wie_funktioniert_eigentlich_DICOM.pdf.

Johner (2014): Datenschutzgesetze im Gesundheitswesen. Online verfügbar unter https://www.johner-institut.de/blog/gesundheitswesen/datenschutzgesetze-im-gesundheitswesen/, zuletzt aktualisiert am 22.05.2014, zuletzt geprüft am 05.05.2016.

Johner; Haas (2009): Praxishandbuch IT Im Gesundheitswesen. Erfolgreich einführen, entwickeln, anwenden und betreiben. München: Hanser.

KPMG: Cloud-Monitor 2015. Cloud-Computing in Deutschland - Status quo und Perspektiven. Online verfügbar unter https://www.bitkom.org/Publikationen/2015/Studien/Cloud-Monitor-2015/Cloud-Monitor-2015-KPMG-Bitkom-Research.pdf.

National Institute of Standards and Technology: NIST Definition of Cloud Computing v15. Online verfügbar unter http://de.slideshare.net/crossgov/nist-definition-of-cloud-computing-v15.

statista: Anzahl der Krankenhäuser in Deutschland in den Jahren 2000 bis 2014. Online verfügbar unter http://de.statista.com/statistik/daten/studie/2617/umfrage/anzahl-der-krankenhaeuser-in-deutschland-seit-2000/.

stratego IT management GmbH: Auditbericht DS-BvD-GDD-01 für Deutsche Telekom Healthcare and Security Solutions GmbH. Study Based Archiving Service „StArcS " – PACS Langzeitarchivierung –. Online verfügbar unter http://www.dsz-audit.de/wp-content/uploads/Deutsche_Telekom_Healthcare_Solutions-Auditbericht-Final-DSZ_B-002.pdf.

Telepaxx: e-pacs Speicherdienst. Online verfügbar unter https://www.telepaxx.de/wp-content/uploads/2015/06/Telepaxx-Factsheet-epacs.pdf.

Unabhängiges Landeszentrum für Datenschutz Schleswig-Holstein: Patientendatenschutz im Krankenhaus. Online verfügbar unter https://www.datenschutzzentrum.de/medizin/krankenh/patdskh.htm, zuletzt geprüft am 18.05.2016.

Wikipedia: Cloud Computing. Online verfügbar unter https://de.wikipedia.org/w/index.php?title=Cloud_Computing&oldid=151954837.

Wikipedia (2015a): Digital Imaging and Communications in Medicine. Online verfügbar unter https://de.wikipedia.org/w/index.php?title=Digital_Imaging_and_Communications_in_Medicine&oldid=152121153.

Wikipedia (2015b): Picture Archiving and Communication System. Online verfügbar unter https://de.wikipedia.org/w/index.php?title=Picture_Archiving_and_Communication_System&oldid=151224306.

8 Abkürzungsverzeichnis

DICOM   Digital Imaging and Communications in Medicine

PACS   Picture Archiving and Communication System

RIS   Radiologieinformationssystem

RZ   Rechenzentrum

u.a.   unter anderem

9 Abbildungsverzeichnis

10 Anhang

Für die Umfrage bei den Krankenhäusern wurde der folgende Online-Frageboden verwendet. Nur Frage 1 wurde als Pflichtfrage hinterlegt:

Umfrage zur wissenschaftlichen Arbeit von Timo Dreger zum Thema "Hat die PACS-Langzeitarchivierung in der Cloud eine Zukunft in Deutschland?" im Rahmen des Masterstudiums "IT in Healthcare" am Johner-Institut.

Bei der Umfrage werden keine persönlichen oder unternehmensbezogenen Daten erfasst und somit auch nicht in der wissenschaftlichen Arbeit verwendet.

* 1. Wo befindet sich Ihr PACS-Langzeitarchiv derzeit?

○ Standort des PACS-Langzeitarchivs ist unser Krankenhaus bzw. unser Krankenhaus-Verbund

○ Unser Archiv liegt in der Cloud (befindet sich in einem externen Rechenzentrum eines Dienstleisters und wird dort durch den Dienstleister verwaltet)

Wenn Sie derzeit NICHT in der Cloud archivieren...

2. Planen Sie bereits Ihr Archiv in den nächsten Jahren in die Cloud zu verlegen?

○ Ja

○ Nein

○ Wissen wir noch nicht genau. Überlegungen dazu existieren aber bereits.

3. Was hält Sie davon ab, Ihr Archiv in die Cloud zu verlagern?

☐ Datenschutzbedenken

☐ Keinen passenden Anbieter gefunden

☐ Kosten höher als bei inhouse-Bereitstellung

☐ Wir möchten unsere Daten nicht aus der Hand geben

☐ Habe bisher darüber noch nicht nachgedacht

☐ Sonstiges (bitte angeben)

Wenn Sie derzeit in der Cloud archivieren...

4. Würden Sie mir den Anbieter nennen, der Ihnen das Archiv derzeit in der Cloud realisiert?

Fertig

www.ingramcontent.com/pod-product-compliance
Lightning Source LLC
LaVergne TN
LVHW042127070326
832902LV00037B/1308